Stoute Hendrik maakt het bont

Stoute Hendrik
maakt het bont

FRANCESCA SIMON

Met tekeningen van TONY ROSS

DELTAS

Voor Joshua en zijn klasgenootjes van 4H,
met dank voor al zijn hulp.

INHOUD

DE SPORTDAG VAN STOUTE HENDRIK

'Iedereen wil dat de sportdag morgen een groot succes wordt', kondigde juffrouw Dragonder aan. 'En ik wil dat *niemand*', en ze keek naar stoute Hendrik, 'het verpest.'

Stoute Hendrik keek terug. Stoute Hendrik had een hekel aan sportdag. Vorig jaar had hij niet één keer gewonnen. Hij liet zijn ei vallen in de eierrace, struikelde over woeste Winnie in de been-aan-been-race en botste tegen Susan Zuurpruim tijdens het zaklopen. De ploeg van Hendrik had zelfs verloren met het touwtrekken. En het ergste van alles was dat perfecte Peter *alles* had gewonnen.

Organiseerde de school maar eens een echt leuke dag, zoals een tv-dag, een chocoladedag of een wedstrijd wie er de meeste chips kon eten. Dan won hij vast elke keer. Nee hoor. *Hij* moest rondspringen en de idioot uithangen en zich belachelijk maken voor die stomme ouders. Als hij koning werd, zou hij een hardloopwedstrijd voor leraren houden en elke winnaar onthoofden. Koning Hendrik de verschrikkelijke grinnikte verheugd.

'Hendrik, let op!' blafte juffrouw Dragonder. 'Wat heb ik net verteld?'

Hendrik had geen flauw idee. 'De sportdag is uitgesteld?' zei hij hoopvol.

Juffrouw Draconia Dragonder staarde hem met ijskoude ogen aan. 'Ik zei dat niemand morgen snoep meeneemt naar school. Jullie krijgen allemaal een lekker, gezond fruitslaatje.'

Hendrik liet zich achterover zakken en keek chagrijnig. Hopelijk zou het morgen regenen.

Maar de sportdag beloofde een prachtige, zonnige dag te worden.

Jammer, dacht Hendrik. Hij kon natuurlijk doen alsof hij ziek was. Maar vorig jaar was dat mislukt. Hij kreeg toen opeens pijn aan zijn been, maar

papa kwam binnen terwijl Hendrik op de tafel danste. Het had geen zin. Hij moest toch meedoen. Kon hij maar eens één wedstrijdje winnen!

Peter stormde de kamer in.

'Sportdag vandaag!' juichte hij. 'En *ik* mag de hardgekookte eieren meenemen voor de eierraces. Is het niet fantastisch?'

'NEE!' schreeuwde Hendrik. 'Maak dat je wegkomt!'

'Maar ik wou alleen...', begon Peter.

Hendrik schopte naar hem en brulde nog eens. Hij was een cowboy die zijn lasso naar een kalf mikte.

'Ie-ie-ie', gilde Peter.

'Wees niet zo stout!' schreeuwde papa.

9

'Anders geen zakgeld deze week!'

Hendrik liet Peter los.

'Het is niet eerlijk', mopperde hij en raapte zijn kleren op van de grond om ze aan te doen. Waarom win ik nooit iets?

Hendrik voelde onder zijn bed en vulde zijn zakken met snoep dat hij bewaard had in zijn geheime blik. Stoute Hendrik was een meester in snoep eten op school zonder dat iemand hem betrapte. Zo kon hij tenminste iets lekkers eten terwijl de anderen alleen een schaaltje uitgedroogde stukjes sinaasappel hadden.

Daarna stormde hij de trap af. Perfecte Peter pakte de hardgekookte eieren in voor de race.

Stoute Hendrik ging mompelend zitten en schrokte zijn ontbijt naar binnen.

'Veel geluk, jongens', zei mama. 'Ik zal jullie komen aanmoedigen.'

'Bah!' gromde Hendrik.

'Dank je, mama', zei Peter. 'Ik hoop dat ik weer win in de eierrace, maar het geeft niet als het niet lukt. Meedoen is belangrijker dan winnen.'

'Kop dicht, Peter!' snauwde Hendrik. Eierrace, eierrace! Als Hendrik dat walgelijke woord nog één keer te horen kreeg, zou hij beginnen te schuimbekken.

'Mama, Hendrik zegt "kop dicht"', griende Peter. 'En vanmorgen pestte hij me.'

'Hou op met stout zijn, Hendrik', zei mama. 'Peter, kom hier, dan kam ik je haar. Ik wil dat je er goed uitziet als je de trofee weer wint.'

Hendrik voelde zijn bloed koken. Hij kreeg zin om alle eieren af te pakken en tegen de muur te smakken.

Opeens kreeg hij een geweldig, fantastisch idee. Dit zou te gek zijn...

Hendrik hoorde mama de trap afkomen. Er was nu geen tijd meer voor binnenpretjes.

Stoute Hendrik rende naar de koelkast, greep een andere eierdoos en verwisselde die vlug met de doos hardgekookte eieren op het aanrecht.

'Vergeet je eieren niet, Peter', zei mama. Ze gaf de doos aan Peter, die ze voorzichtig in zijn schooltas stopte.

Haha, dacht stoute Hendrik.

Hendrik stond met de hele klas aan de rand van het sportterrein. Woesj! Een slanke figuur met een glimmend trainingspak zoefde voorbij. Het was lenige Lennert, de snelste jongen van de klas.

'Ik moet lopen, ik moet lopen', zoemde hij, terwijl hij naast Hendrik kwam staan.

'Ik win natuurlijk elke wedstrijd', schepte hij op. 'Ik train het hele jaar door. Mijn papa heeft al een plaatsje voor mijn trofeeën.'

'Wie wil er nu hardlopen?' sneerde Hendrik, en stopte stiekem een toverbal in zijn mond.

'De teams voor de been-aan-beenrace, maak je klaar!' blafte juffrouw Dragonder in haar mega-

foon. 'Met deze wedstrijd leren jullie samenwer-
ken. Harry loopt samen met Winnie, Jan met Clara,
Hendrik...', ze keek naar haar lijst, '... samen met
Margriet.'

'NEE!' schreeuwde stoute Hendrik.

'NEE!' schreeuwde Margriet Mopperpot.

'Ja', zei juffrouw Dragonder.

'Maar ik wil samen met Susan', jammerde Margriet.

'Geen gemaar of gejammer', zei juffrouw Dragonder. 'Glen, waar is jouw partner?'

'Kweenie', zei gulzige Glen.

Hendrik en Margriet stonden zo ver mogelijk
uit elkaar terwijl hun benen aan elkaar werden ge-
knoopt.

'Je kunt maar beter doen wat ik zeg, Hendrik',
siste Margriet. '*Ik* beslis hoe we lopen.'

'*Ik* beslis, bedoel je', siste Hendrik.

'Op je plaatsen... klaar... START!'

Juffrouw Dragonder blies op haar fluitje.

Daar gingen ze! Hendrik draaide naar links,
Margriet draaide naar rechts.

'Deze kant op, Hendrik!' schreeuwde Margriet.

Ze probeerde hem mee te trekken.

'Nee, deze kant op!' schreeuwde Hendrik terug. Hij probeerde haar mee te trekken.

Ze wankelden wild heen en weer en struikelden toen over elkaar.

SMAK! Lenige Lennert en Belinda Blauwkous vielen over de schreeuwende Hendrik en Margriet.

SMAK! Woeste Winnie en Harry Huilebalk vielen over Lennert en Belinda.

BONK! Duizelige David en gulzige Glen vielen op Winnie en Harry.

'Wèèèh!' huilde Harry Huilebalk.

'Allemaal jouw schuld, Margriet!' brulde Hendrik en trok aan haar haar.

'Niet waar, jouw schuld!' schreeuwde Margriet en trok nog harder aan zijn haar.

Juffrouw Draconia Dragonder blies loeihard op haar fluitje.

'Hou op! Hou op!' bulderde ze. 'Hendrik! Margriet! Wat een slecht voorbeeld zijn jullie voor de kleintjes. Nog meer van die onzin en jullie krijgen een zware straf. Iedereen klaarmaken voor de eierrace!'

Eindelijk! Nu kon de lol beginnen, dacht Hendrik.

De kinderen gingen ieder in hun groepje staan. In de groep van Hendrik zaten Margriet Mopperpot, Susan Zuurpruim en Harry Huilebalk. Hendrik keek naar Peter. Ja hoor, daar stond hij, met een trotse glimlach, naast brave Bert, smetteloze Sam en opgeruimde Oliver. De eieren lagen nog netjes in hun lepels. Stoute Hendrik hield zijn adem in.

'Op je plaatsen... klaar... START!' schreeuwde juffrouw Dragonder.

Daar gingen ze!

'Vooruit, Peter, goed zo!' moedigde mama hem aan.

Peter liep harder en harder en harder.

Hij had de leiding. Hij was bijna aan de overkant. Opeens... wiebel... wiebel... SPLASJ!

'Aaaahhh!' gilde Peter.

Het ei van Margriet Mopperpot wiebelde. SPLASJ!

Toen dat van Susan.

SPLASJ!

Toen alle eieren.

SPLASJ!

SPLASJ!

SPLASJ!

'Er zit ei op mijn schoenen!' jammerde Margriet.

'Er druipt ei op mijn nieuwe jurk!' snikte Susan.

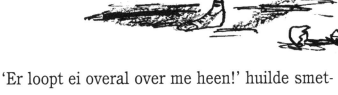

'Er loopt ei overal over me heen!' huilde smetteloze Sam.

'Help!' piepte perfecte Peter. Het ei droop langs zijn broek naar beneden.

Ouders stormden naar voren, gilden en zwaaiden met zakdoekjes en handdoeken.

Woeste Winnie en stoute Hendrik lachten zich een deuk.

Juffrouw Draconia Dragonder blies haar fluitje bijna stuk.

'Wie heeft die eieren meegebracht?' vroeg juffrouw Dragonder. Haar stem was vlijmscherp.

'Ik', zei perfecte Peter. 'Maar de eieren waren hardgekookt.'

'ERUIT!' schreeuwde juffrouw Dragonder. 'Je doet niet meer mee met de wedstrijden!'

'Maar... maar...', stamelde perfecte Peter.

'Geen gemaar, eruit!' dreigde ze. 'Ga meteen naar het schoolhoofd.'

Perfecte Peter barstte in tranen uit en droop af.

Stoute Hendrik kon zich nauwelijks beheersen. Dit was de beste sportdag die hij ooit had gehad.

'En houden jullie meteen op met lachen. Ouders, terug op jullie plaatsen! Tijd voor de volgende wedstrijd!' donderde juffrouw Dragonder.

Alles bij elkaar, dacht Hendrik terwijl hij weer bij zijn groepje stond, was het toch niet zo'n slechte dag. De eierrace was natuurlijk fantastisch geweest. En op het hindernissenparcours had hij lol getrapt door alles omver te schoppen. Bovendien was de andere ploeg languit in de modder gevallen tijdens het touwtrekken en had hij lenige Lennert laten schrikken bij het zakkenlopen zodat hij omviel. Toch had hij graag één wedstrijdje gewonnen!

Nog één wedstrijd en de sportdag was voorbij.
De veldloop. Het was de wedstrijd die Hendrik het
meeste haatte. Een lange, zware, uitputtende wedstrijd hardlopen rond het hele sportterrein.

Hendrik sleepte zijn slaperige botten naar de
startlijn. Zijn laatste kans om te winnen... het was
hopeloos. Het zou al mooi zijn als hij Harry Huilebalk versloeg.

Opeens kreeg Hendrik een schitterend, geniaal
idee. Waarom had hij daar nooit eerder aan gedacht? Hij was echt een genie.

Was er niet ooit een Oude Griek geweest die
een race had gewonnen door goudstukken op de

grond te gooien, waardoor zijn tegenstanders zich bukten en de wedstrijd verloren? Hendrik kon veel leren van die Oude Grieken.

'Op je plaatsen... klaar... START!' schreeuwde juffrouw Draconia Dragonder.

Daar gingen ze.

'Vooruit, Lennert, goed zo!' schreeuwde zijn papa.

'Vooruit met die benen, Margriet!' schreeuwde haar mama.

'Vooruit, Harry!' gilde zijn vader.

'Doe je best, Hendrik!' zei mama.

Stoute Hendrik voelde in zijn broekzak en haalde er een paar snoepjes uit. Hij gooide ze voor de voeten van de anderen.

'Kijk, snoepjes!' riep Hendrik.

Lennert keek achterom. Hij liep al aan kop en had nog een grote voorsprong.

Hij hield in en raapte een snoepje op, toen nog een. Hij keek achterom en haalde vlug het papiertje van een toverbal.

'Snoepjes!' piepte gulzige Glen.

Hij hield in en raapte er zoveel op als hij kon

vinden en stak ze allemaal tegelijk in zijn mond.

'Lekker!' glunderde Glen.

'Snoepjes? Waar?' gilden de anderen. Ze stopten en keken rond.

'Daar!' riep Hendrik, en gooide nog een handvol op de grond. De lopers bukten zich om de snoepjes op te rapen.

Terwijl de anderen kauwden en smakten, spurtte Hendrik zo snel mogelijk naar voren.

Hij liep aan kop! Hendrik voelde zijn benen zo hard rennen als ze nog nooit hadden gedaan. Hij nam de laatste bocht rond het veld. Daar was de finish!

Vlug! Vlug! Vlug! Hendrik keek achterom. O nee! Lenige Lennert kwam eraan!

Hendrik voelde in zijn zak. Hij had nog één wapen over.

Hij keek om zich heen en hijgde.

'Ga naar huis voor je middagdutje, Hendrik!' schreeuwde Lennert met zijn tong uit zijn mond terwijl hij Hendrik voorbijzoefde.

Hendrik smeet zijn laatste toverbal voor de neus van Lennert. Lennert aarzelde, hield toen in en raapte hem op. Hij kon Hendrik elk ogenblik verslaan, dus hij mocht best eerst even bluffen, toch?

Opeens sprintte Hendrik voorbij. Lenige Lennert schoot als een raket achter hem aan. Sneller en sneller en harder en harder liep Hendrik. Hij was een vogel. Hij was een vliegtuig. Hij vloog over de eindstreep.

'En de winnaar is... Hendrik?' piepte juffrouw Draconia Dragonder.

'Ik ben bestolen!' huilde lenige Lennert.

'Joepie!' juichte Hendrik.

Wauw, wat een fantastische dag! dacht stoute Hendrik. Hij hield zijn trofee trots in zijn hand. De papa van Lennert had geschreeuwd tegen juffrouw Dragonder en tegen mama. Juffrouw Dragonder en mama hadden terug geschreeuwd. Peter was van schaamte door de grond gezakt. En Hendrik, hij was de grote winnaar.

'Ik snap niet hoe je die eieren kon verwisselen', zei mama tegen Peter.

'Ik ook niet', zei Peter snikkend.

'Geeft niks, Peter', zei Hendrik troostend. 'Meedoen is belangrijker dan winnen.'

2

STOUTE HENDRIK VERKOOPT ZIJN BROERTJE

Stoute Hendrik hield van geld. Hij was dol op geld tellen. Hij vond het heerlijk geld te hebben. Het was nog leuker om geld uit te geven. Er was maar één probleem. Stoute Hendrik had nooit geld.

Hij zat op de grond in zijn slaapkamer en schudde met zijn lege spaarpot in de vorm van een geraamte. Hoe wilden zijn gierige ouders dat hij overleefde met maar 1 euro zakgeld per week? Het was niet eerlijk! Waarom hielden zij al het geld terwijl *hij* het veel meer nodig had? Strips, chocoladerepen, een nieuwe voetbal. Nog meer ridders voor zijn kasteel. Stoute Hendrik keek om zich heen en knarsetandde.

Toegegeven, hij had hele kasten vol speelgoed, maar niets wat hij echt leuk vond.

'MAMA!' schreeuwde Hendrik.

'Schreeuw niet zo, Hendrik', schreeuwde mama. 'Als je iets wilt zeggen, kom dan naar beneden en zeg het.'

'Ik heb meer zakgeld nodig', zei Hendrik. 'Winnie krijgt 2 euro per week.'

'Andere kinderen krijgen een ander bedrag', zei mama. 'Ik denk dat 1 euro wel genoeg is.'

'En ik niet', zei Hendrik.

'Ik ben tevreden met *mijn* zakgeld, mama', zei perfecte Peter. 'Ik kan zelfs sparen met mijn 60 cent per week. Trouwens, als je goed voor je geld zorgt, wordt het vanzelf meer.'

'Heel goed, Peter', zei mama en glimlachte.

Hendrik sloop langzaam langs Peter. Toen mama niet keek, trok hij aan Peters arm. Hij was een enorme krab die zijn prooi fijnkneep tussen zijn scharen.

'Au!' huilde Peter. 'Hendrik knijpt me!'

'Niet waar', zei Hendrik.

'Geen zakgeld deze week, Hendrik', zei mama.

'Dat is niet eerlijk!' jammerde Hendrik. 'Ik heb geld nodig!'

'Dan moet je beter sparen', zei mama.

'Nee!' brulde Hendrik. Hij had een hekel aan geld sparen.

'Dan moet je een manier zoeken om geld te verdienen', zei mama.

Verdienen? Geld verdienen? Opeens kreeg Hendrik een fantastisch, geniaal idee.

'Mama, mag ik een kraampje bouwen en dingen verkopen die ik kwijt wil?'

'Zoals?' zei mama.

'Je weet wel, oud speelgoed, strips, spelletjes, spullen waar ik te oud voor ben', zei Hendrik.

Even aarzelde mama. Was er iets mis met het verkopen van oude rommel?

'Goed dan', zei mama.

'Mag ik je helpen, Hendrik?' vroeg Peter.

'Geen sprake van', zei Hendrik.

'Alsjeblieft?' smeekte Peter.

'Wees eens aardig, Hendrik, en laat Peter je helpen', zei mama. 'Of anders geen kraampje.'

'Oké', zei Hendrik met tegenzin. 'Jij mag de bordjes maken.'

Stoute Hendrik rende naar zijn kamer en propte al zijn nutteloze spullen in een doos. Hij maakte zijn boekenplanken leeg, zijn kast met verkleedkleren, en gooide ook alle puzzels waarvan stukjes ontbraken in de doos.

Stoute Hendrik dacht na. Om echt veel geld te verdienen zou hij een paar waardevolle dingen moeten verkopen. Waar kon hij die vinden?

Hendrik glipte de kamer van Peter binnen. Misschien moest hij Peters postzegelverzameling verkopen? Of zijn natuurset? Bah, dacht Hendrik toen, wie wil er nu zoiets saais kopen?

Toen keek Hendrik in de kamer van mama en papa. Het stond er vol met dure spullen. Hendrik

liep stilletjes naar de toilettafel van mama. Al die flesjes parfum, dacht Hendrik, ze zou het niet merken als ik er eentje meenam. Hij koos een grote kristallen fles met een stop in de vorm van een zwaan en legde die bij de rest in de doos. Wat kon hij nog meer meenemen?

Ha! Daar lag het tennisracket van papa. Hij speelde er nooit mee. Dat racket lag er maar stoffig te worden terwijl hij er iemand anders blij mee kon maken.

Uitstekend, dacht Hendrik, en deed het racket bij de rest. Daarna wankelde hij met de doos naar het trottoir om zijn kraampje op te zetten.

Stoute Hendrik keek naar zijn koopwaar. Voor hem lag een grote stapel met allerlei spullen. Nu werd hij vast rijk.

'Maar Hendrik', zei Peter toen hij opkeek van zijn blad met prijzen. 'Dat is het tennisracket van papa. Weet je zeker dat je het mag verkopen?'

'Natuurlijk idioot', snauwde Hendrik. Kon hij zijn lastige broertje maar kwijtraken, dan zou zijn leven veel mooier zijn.

Stoute Hendrik keek naar Peter. Wat deden de Romeinen ook alweer als ze te veel gevangenen hadden? Hmmm, dacht hij. Hij keek opnieuw. Hmmm, dacht hij nog een keer.

'Peter', zei Hendrik poeslief. 'Wil jij geen geld verdienen?'

'O ja!' zei Peter. 'Wat moet ik doen?'

'We kunnen je verkopen als slaaf.'

Perfecte Peter dacht even na.

'Hoeveel krijg ik ervoor?'

'Twintig cent', zei Hendrik.

'Wauw', zei Peter. 'Dat betekent al 12 euro 86 cent in mijn spaarpot. Mag ik een bordje om met Te Koop?'

'Natuurlijk', zei stoute Hendrik. Hij krabbelde: Te koop: 10 euro, en hing het bordje om Peters nek.

'En kijk nu heel knap',
zei Hendrik. 'Ik zie al een
paar kopers.'

'Wat doen jullie?' vroeg
Margriet Mopperpot.

'Ja Hendrik, wat doe je?'
vroeg Susan Zuurpruim.

'Ik hou een vlooien-
markt', zei Hendrik. 'Er zijn veel koopjes bij. En al
het geld gaat naar een goed doel.'

'Welk doel is het?' vroeg Susan.

'Arme kinderen', zei Hendrik. Ik ben ook een
arm kind, dus dat is waar, dacht Hendrik.

Margriet Mopperpot hield een slappe voetbal
vast. Er zat een gat in.

'Koopjes? Dit is gewoon een hoop waardeloze
rommel.'

'Niet waar', zei Hendrik. 'Kijk maar eens rond.
Puzzels, boeken, parfum, troeteldieren, *en* een
slaaf.'

Margriet Mopperpot keek op. 'Ik kan wel een
goede slaaf gebruiken', zei Margriet. 'Ik geef je een
halve euro.'

'Een halve euro voor een uitstekende slaaf? Hij is minstens 3 euro waard.'

'Laat eens wat zien, slaaf', zei Margriet Mopperpot.

Perfecte Peter toonde zijn spierballen.

'Hmmm', zei Margriet. 'Een euro is mijn hoogste bod.'

'Akkoord', zei stoute Hendrik. Waarom had hij Peter niet eerder verkocht?

'Waarom krijg ik maar 20 cent als ik 1 euro kost?' zei Peter.

'Algemene onkosten', zei Hendrik. 'En ga nu maar mee met je nieuwe eigenaar.'

De zaken liepen goed.

Woeste Winnie kocht een paar voetbalplaatjes.

Susan Zuurpruim kocht zijn teddybeer en het parfum van mama.

Gulzige Glen kocht een raceauto op drie wielen.

Toen jogde lenige Lennert voorbij.

'Mooi racket', zei hij, en pakte het tennisracket van papa op. Hij sloeg er een paar keer mee in de lucht.

'Hoeveel?'

'Twintig euro', zei Hendrik.

'Ik geef je er vier', zei Lennert.

Vier euro! Dat was meer geld dan Hendrik ooit had gehad! Hij was rijk!

'Goed', zei Hendrik.

Stoute Hendrik zat in de zitkamer en keek blij verrast naar zijn stapeltjes geld. 5 euro 54 cent! Hemeltje, daar kon hij een hoop snoep mee kopen! Toen kwam mama binnen.

'Hendrik, heb jij mijn nieuwe parfum gezien? Je weet wel, dat flesje met de dop in de vorm van een zwaan.'

'Nee hoor', zei Hendrik. Verdorie, hij had nooit gedacht dat ze het zou merken.

'En waar is Peter?' vroeg mama. 'Ik dacht dat jullie samen aan het spelen waren.'

'Hij is weg', zei Hendrik.

Mama staarde hem aan.

'Wat bedoel je, hij is weg?'

'Weg', zei Hendrik, en stak nog wat chips in zijn mond. 'Ik heb hem verkocht.'

'Wat heb je gedaan?' fluisterde mama. Haar gezicht werd bleek.

'Je zei dat ik alles mocht verkopen wat ik kwijt wou, en ik wou Peter kwijt, dus verkocht ik hem aan Margriet.'

Mama's mond viel open.

'Je gaat onmiddellijk naar Margriet en koopt

hem terug!' schreeuwde mama. 'Jij harteloze jongen! Je eigen broer verkopen!'

'Maar ik wil hem niet terug', zei Hendrik.

'Geen gemaar, Hendrik!' gilde mama. 'Je haalt gewoon je broer terug.'

'Ik heb niet genoeg geld', zei stoute Hendrik. 'Als je hem terug wilt, moet je ervoor betalen.'

'HENDRIK!' brulde mama.

'Al goed', bromde Hendrik en stond met tegenzin op. Hij zuchtte. Wat een geldverspilling, dacht hij, en hij klom over het muurtje naar de tuin van Margriet.

Margriet lag languit naast het opblaasbad.

'SLAAF!' beval ze. 'Ik heb het warm! Wuif me frisse lucht toe!'

Peter kwam het huis uit met een grote waaier.

Hij begon ermee te waaieren in Margriets richting.

'Sneller, slaaf!' zei Margriet.

Peter bewoog sneller.

'Langzamer, slaaf!' zei Margriet.

Peter bewoog langzamer.

'Slaaf! Een koud drankje, en vlug een beetje!'
beval Margriet.

Stoute Hendrik volgde Peter naar de keuken.

'Hendrik!' kreunde Peter. 'Kom je me redden?'

'Nee', zei Hendrik.

'Alsjeblieft', zei Peter. 'Ik doe alles voor je. Je
mag die 20 cent houden.'

Stoute Hendrik hoorde de kassa al rinkelen.

'Te weinig', zei Hendrik.

'Ik geef je één euro. Ik geef je er twee. Ik geef
je er zelfs vier', zei Peter.

'Ze is verschrikkelijk. Ze is zelfs erger dan jij.'

'O ja? Blijf hier dan maar voor eeuwig', zei Hendrik.

'Nee! Het spijt me, Hendrik', zei perfecte Peter. 'Je bent de beste broer van de wereld. Ik geef je al mijn geld.'

Stoute Hendrik keek alsof hij heel hard moest nadenken.

'Al goed, wacht hier', zei Hendrik. 'Eens kijken wat ik voor je kan doen.'

'Dankjewel, Hendrik', zei Peter.

Stoute Hendrik liep de tuin in.

'Waar is mijn drankje?' vroeg Margriet.

'Mijn mama zegt dat je Peter moet teruggeven', zei Hendrik.

Margriet Mopperpot keek hem dreigend aan.

'O ja?'

'Ja', zei Hendrik.

'Wel, ik verkoop hem niet', zei Margriet. 'Ik heb er veel voor betaald.'

Hendrik had gehoopt dat ze dat was vergeten.

'Goed dan', zei hij. 'Hier is je euro terug.'

Margriet Mopperpot ging achterover liggen en deed haar ogen dicht.

'Ik heb er veel tijd aan besteed om hem te trainen, dus mijn geld terugkrijgen is niet genoeg', zei ze. 'Hij is nu minstens twee euro waard.'

Langzaam stak Hendrik zijn hand weer in zijn broekzak.

'Een euro en 50 cent, en dat is mijn laatste bod.'

Margriet Mopperpot had een neus voor zaken.

'Oké', zei ze. 'Geef me het geld.'

Met tegenzin betaalde Hendrik. Maar ik heb toch nog vier euro over, dacht Hendrik, dus heb ik winst gemaakt.

Toen ging hij naar binnen om Peter te halen.

'Je kost me 10 euro', zei hij.

'Dankjewel, Hendrik', zei Peter. 'Ik betaal je zodra we thuis zijn.'

Joepie! dacht stoute Hendrik. Ik ben stinkend rijk! Ik kan alles kopen!

Rinkelrinkel, rammelrammel gingen de zware broekzakken van Hendrik terwijl hij zijn gelddans deed.

Rinkel rinkel, rammel rammel,
Wat ben ik rijk, wat ben ik rijk,
rinkel rinkel, rammel rammel,
wat ben ik stinkend rijk!

Kopen, kopen, was zijn lijfspreuk vanaf nu.

'Hallo iedereen', riep papa toen hij de voordeur opendeed. 'Wat een mooie middag! Iemand zin in een partijtje tennis?'

3

STOUTE HENDRIK VIERT KERSTMIS

Perfecte Peter zat op de bank en keek in de speelgoedfolder van Paradijsland. Hendrik had het boekje de hele ochtend in beslag genomen om zijn verlanglijstje voor Kerstmis te maken. Natuurlijk was het geen lijstje met cadeautjes die Hendrik wou geven. Het was een lijstje met wat hij allemaal wou krijgen.

Stoute Hendrik keek op van zijn blad. Hij had er nog wat bijgeschreven: een miljoen in geld, een papegaai, een zwaard, een zwembad, een trampoline en een katapult.

'Geef hier!' schreeuwde stoute Hendrik. Hij rukte het boekje uit Peters handen.

'Geef terug!' schreeuwde Peter.

'Het is mijn beurt!' schreeuwde Hendrik.

'Jij had het al de hele ochtend!' gilde Peter. 'Mama!'

'Hou op met stout zijn, Hendrik', zei mama terwijl ze uit de keuken kwam.

Hendrik luisterde niet. Zijn ogen leken vastgekleefd aan de catalogus. Dit was het. Het speelgoed van zijn dromen. Het speelgoed dat hij wilde hebben.

'Ik wil een Super Monster Tankkanon', zei Hendrik. Het was een geniaal stuk speelgoed dat tegen alles opbotste met een oorverdovende sirene. En je kreeg er ook nog een paar wapens bij. Het perfecte speelgoed om de knikkerbaan van Peter mee te vernielen.

'Ik moet een Super Monster Tankkanon hebben', zei Hendrik, en schreef het erbij op zijn lijstje.

'Geen sprake van, Hendrik', zei mama. 'Dat lawaaierige speelgoed komt hier niet in huis.'

'Toe nou', zei Hendrik. 'Alsjeblieeeeft.'

Papa kwam binnen.

'Ik wil een Super Monster Tankkanon voor Kerstmis', zei Hendrik.

'Geen sprake van', zei papa. 'Veel te duur.'

'Jullie zijn de slechtste, gemeenste ouders van de hele wereld', huilde Hendrik. 'Ik haat jullie! Ik wil een Super Monster Tankkanon!'

'Je vraagt dat niet op die manier, Hendrik', zei perfecte Peter. 'Met "ik wil" krijg je niets.'

Hendrik stormde op Peter af. Hij was een octopus die zijn hulpeloze prooi langzaam doodkneep.

'Help!' kreunde Peter.

'Hou op met stout zijn, Hendrik, of jullie gaan niet naar de kerstman', riep mama.

Hendrik liet Peter los.

Opeens kwam er een verbrand luchtje de kamer binnen.

'Hemeltje, mijn erwtjes!' gilde mama.

'Hoe lang moeten we nog wachten?' zeurde Hendrik. 'Ik krijg er de kriebels van!'

Stoute Hendrik, perfecte Peter en mama stonden aan het eind van een lange rij die wachtte voor de kerstman. Ze stonden er al een hele tijd.

'O, Hendrik, is het niet spannend', zei perfecte Peter. 'Nu kunnen we de kerstman zien. Het kan me niet schelen hoe lang het duurt.'

'Mij wel', snauwde Hendrik. Hij begon zich door de lange rij te wringen.

'Hé, duw niet zo!' riep duizelige David.

'Wacht op je beurt!' schreeuwde Margriet Mopperpot.

'Ik was eerst!' protesteerde Belinda Blauwkous.

Hendrik baande zich een weg naar woeste Winnie.

'Wat vraag jij aan de kerstman?' vroeg Hendrik hem. 'Ik wil een Super Monster Tankkanon.'

'Ik ook', zei woeste Winnie. 'En een slijmpistoolrobot.'

Hendrik spitste zijn oren.

'Wat is dat?'

'Echt gaaf', zei Winnie. 'Die spuwt slijm over alles en iedereen.'

'Wauw!' zei stoute Hendrik terwijl zijn mama hem bij zijn kraag naar achteren trok en weer op zijn plaats zette.

'En wat wil jij voor Kerstmis?' vroeg de kerstman.

'Snoep!' zei gulzige Glen.

'En wat wil jij voor Kerstmis, David?' vroeg de kerstman.

'Ik weet het nog niet', zei duizelige David.

'En wat wil jij voor Kerstmis, Peter?' vroeg de kerstman.

'Een woordenboek!' zei perfecte Peter. 'Postzegels, een bouwdoos en een cd met cellomuziek, alstublieft.'

'Geen speelgoed?'

'Nee, dank u', zei Peter. 'Ik heb al genoeg speelgoed. Hier is een cadeautje voor u, mijnheer de kerstman', voegde hij eraan toe en hield een

prachtig verpakt cadeautje vast. 'Ik heb het zelf gemaakt.'

'Wat een knappe jongen', zei de kerstman. Mama knikte trots.

'Mijn beurt nu', zei Hendrik en duwde Peter van de schoot van de kerstman.

'En wat wil jij voor Kerstmis, Hendrik?' vroeg de kerstman.

Hendrik vouwde het lijstje open.

'Ik wil een Super Monster Tankkanon en een slijmpistoolrobot', zei Hendrik.

'Hmmm, we zullen nog wel zien', zei de kerstman.

'Fantastisch!' zei Hendrik. Als volwassenen 'We zullen wel zien' zeggen, betekende dat meestal 'Ja'.

Het was kerstavond.

Mama en papa waren druk bezig het hele huis zo snel mogelijk op te ruimen.

Perfecte Peter keek naar een natuurdocumentaire op de tv.

'Ik wil tekenfilms!' zei Hendrik. Hij pakte de afstandsbediening en zapte erop los.

'Ik keek naar een documentaire!' zei Peter. 'Mama!'

'Hou op, Hendrik', bromde papa. 'Helpen jullie liever mee met opruimen voordat jullie tante en neefje hier zijn.'

Perfecte Peter sprong op om te helpen.

Stoute Hendrik bewoog zich niet.

'Moeten ze echt komen?' zei Hendrik.

'Ja', zei mama.

'Ik haat Steven', zei Hendrik.

'Niet waar', zei mama.

'Toch wel', gromde Hendrik. Hij kende niemand die walgelijker was dan die opschepper van een Steven. Dat was het enige slechte met Kerstmis, dat die verwaande Steven elk jaar op bezoek kwam.

Ding dong. Dat was vast rijke tante Ruby en zijn stomme neef. Hendrik keek hoe tante Ruby naar binnen waggelde met stapels pakjes en ze onder de kerstboom legde.

De meeste pakjes zijn ongetwijfeld voor Steven, dacht Hendrik.

'Ik wou dat we niet hoefden te komen', zeurde opschepper Steven. 'Bij ons thuis is het veel leuker.'

'Ssst', zei rijke tante Ruby. Ze liep naar de ouders van Hendrik.

Opschepper Steven keek Hendrik vanuit de hoogte aan.

'Wedden dat ik veel meer cadeautjes krijg dan jij', zei hij.

'Wedden van niet', zei Hendrik. Hij probeerde overtuigend te klinken.

'Wat je krijgt is niet zo belangrijk', zei Peter. 'Het is het gebaar dat telt.'

'*Ik* krijg een Super Monster Tankkanon *en* een slijmpistoolrobot', zei opschepper Steven.

'Ik ook', zei Hendrik.

'Neehee', zei Steven. 'Jij krijgt alleen vreselijke cadeautjes zoals sokken en zo. Wat zal ik lachen.'

Als ik koning ben, dacht Hendrik, maak ik een slangenkuil speciaal voor Steven.

'Ik ben toch rijker dan jij', schepte Steven op. 'En ik heb veel meer speelgoed.' Hij keek naar de kerstboom.

'Noem je dat trouwens een kerstboom?' snoof Steven. 'De onze komt helemaal tot tegen het plafond.'

'Naar bed, jongens', riep papa. 'En onthoud goed dat morgen niemand de cadeautjes openmaakt voordat we gegeten hebben en een wandeling hebben gemaakt.'

'Goed idee, papa', zei perfecte Peter. 'Met Kerstmis is het altijd leuk als we eerst een frisse neus halen en wachten met de cadeautjes.'

Ha, dacht stoute Hendrik. Dat zullen we nog wel zien.

Het was donker in huis. Het enige geluid was het ergerlijke gesnurk van opschepper Steven, die in zijn slaapzak lag.

Stoute Hendrik kon niet slapen. Lag er beneden een Super Monster Tankkanon voor hem?

Hij draaide zich op zijn zij en probeerde gemakkelijk te gaan liggen.

Het hielp niet. Hoe kon hij wachten tot morgenochtend?

Stoute Hendrik hield het niet meer uit. Hij moest uitvissen of hij een Super Monster Tank-kanon kreeg.

Hendrik kroop uit bed, pakte zijn zaklantaarn, stapte over opschepper Steven – hij moest zich bedwingen om hem geen trap te geven – en sloop de trap af.

KRRIIEE-AAAK deed de krakende trap.

Hendrik bevroor.

Het huis bleef stil.

Hendrik trippelde op zijn tenen naar de donkere zitkamer.

Daar stond de boom. En daar lag de hoge stapel met de vele pakjes!

Vooruit, dacht Hendrik, alleen even kijken of er een Super Monster Tankkanon is voor mij en dan meteen terug naar bed.

Hij keek naar een groot pak dat er veelbelovend uitzag. Hendrik schudde eraan. Klinkt goed, dacht hij. Zijn hart bonsde. Ik voel gewoon dat dit een Super Monster Tankkanon is. Toen zag hij het kaartje: 'Zalig kerstfeest, Steven.'

Verdorie, dacht Hendrik.

Hij schudde aan een ander verleidelijk pakje: 'Zalig kerstfeest, Steven.' En aan een volgende pakje: 'Zalig kerstfeest, Steven.' En nog een. En nog een.

Toen voelde Hendrik een klein, zacht pakje. Vast een paar sokken. Hopelijk is het niet voor mij, dacht hij. Hij keek naar het kaartje: 'Zalig kerstfeest, Hendrik.'

Dit moet een vergissing zijn, dacht Hendrik. Steven heeft die sokken harder nodig dan ik. Sterker nog, ik zou hem een plezier doen als hij ze kreeg.

Ik verwissel alles! dacht Hendrik ineens. Het zou maar een minuutje duren om alle kaartjes te verwisselen.

Eens kijken, dacht Hendrik. Hij keek naar een pakje dat leek op een slijmpistoolrobot met de naam van Steven erop, en vond toen een pak in de vorm van een boek: 'Zalig kerstfeest, Hendrik.'

Verwisselen!

Hoe meer hij erover nadacht, hoe meer Hendrik besefte dat Steven al veel te veel speelgoed had. Tante Ruby had deze avond nog gezeurd over die rommel in huis.

Verwisselen! Verwisselen! Verwisselen! Daarna kroop stoute Hendrik terug in bed.

Het was zes uur in de ochtend.

'Zalig kerstfeest!' schreeuwde Hendrik. 'Tijd voor de cadeautjes!'

Voordat iemand hem kon tegenhouden, donderde Hendrik de trap af.

Opschepper Steven sprong op en liep hem achterna.

'Wachten!' schreeuwde mama.

'Wachten!' schreeuwde papa.

De jongens stormden de zitkamer in en stortten zich op de pakjes. Meteen werd de kamer gevuld met vreugdekreten en met jammerkreten van ontgoocheling terwijl de pakjes werden opengescheurd.

'Sokken!' huilde opschepper Steven. 'Wat een beroerd cadeau! Bedankt hoor!'

'Wees niet zo onbeleefd, Steven', zei rijke tante Ruby en geeuwde.

'Een slijmpistoolrobot!' juichte stoute Hendrik. 'Wauw! Precies wat ik wou!'

'Een bouwdoos', zei perfecte Peter. 'Leuk!'

'Een plantenkweekset?' jammerde opschepper Steven. 'Bah!'

'Maak je eigen vuurwerk!' glunderde Hendrik. 'Wauw!'

'Mandarijntjes!' kreunde opschepper Steven. 'Dit is de slechtste Kerstmis die ik ooit heb gehad!'

'Een Super Monster Tankkanon!' brulde Hendrik verheugd. 'Jeetje, dankjewel. Precies wat ik wou!'

'Laat me dat kaartje zien', snauwde Steven. Hij raapte het verscheurde pakpapier van de grond.

'Zalig kerstfeest, Hendrik!' stond erop. Het was heel duidelijk.

'Waar is mijn Super Monster Tankkanon?' huilde Steven.

'Het moet hier ergens liggen', zei tante Ruby.

'Ruby, je had er niet een voor Hendrik moeten kopen', zei mama fronsend.

'Heb ik niet gedaan', zei Ruby.

Mama keek naar papa.

'Ik niet', zei papa.

'Ik niet', zei mama.

'Ik heb het gekregen van de kerstman', zei stoute Hendrik. 'Ik had het gevraagd en hij gaf het.'

Stilte.

'Hij heeft mijn cadeautjes!' huilde Steven. 'Ik wil ze terug!'

'Ze zijn van mij!' schreeuwde Hendrik met zijn armen rond zijn buit. 'Ik heb ze gekregen van de kerstman.'

'Nee, van mij!' gilde Steven.

Tante Ruby keek naar de kaartjes. Toen keek ze naar de twee huilende jongens.

'Misschien heb ik me vergist met de kaartjes', mompelde ze tegen mama. 'Geen nood, we lossen het later wel op', zei ze tegen Steven.

'Het is niet eerlijk!' huilde Steven.

'Waarom pas je je nieuwe sokken niet?' zei stoute Hendrik.

Opschepper Steven viel uit naar Hendrik. Maar Hendrik was hem te vlug af.

SPLASJ!

'Aaaahhh!' gilde Steven, terwijl het groene slijm van zijn gezicht droop en van zijn haar en van zijn kleren.

'HENDRIK!' schreeuwden mama en papa. 'Hoe kun je zo verschrikkelijk stout zijn!'

'Boem KRAAK! PEEPOW WOE WOE WOE!'

Wat een fantastische Kerstmis, dacht Hendrik, terwijl zijn Super Monster Tankkanon Peters knikkerbaan omverreed.

'Zeg tante Ruby gedag, Hendrik', zei mama. Ze zag er moe uit.

Rijke tante Ruby en Steven hadden besloten

wat vroeger naar huis te gaan dan afgesproken.

'Dag, tante Ruby', zei Hendrik. 'Dag, Steven. Hopelijk kom je volgend jaar met Kerstmis ook.'

'Nu ik eraan denk', zei mama tegen Hendrik. 'Je gaat er volgende maand logeren.'

Verdorie, dacht Hendrik.

HET FOTOALBUM VAN STOUTE HENDRIK

Original title: *Horrid Henry Strikes it Rich* (Francesca Simon)
First published in 1998 by Orion Children's Books,
a division of The Orion Publishing Groupe Ltd, Orion House, 5 Upper St Martin's Lane,
London WC2H 9EA. All rights reserved.
Text Copyright © Francesca Simon MCMXCVIII
Illustrations Copyright © Tony Ross MCMXCVIII
Francesca Simon has asserted her right to be identified as the author and Tony Ross
has asserted his right to be identified as the illustrator af this work.
© Zuidnederlandse Uitgeverij N.V., Aartselaar, België, MMXIV.
Alle rechten voorbehouden.
Deze uitgave door: Deltas, België-Nederland
Vertaling: Katrien Bruyland
Gedrukt in België

D-MMXIII-364
NUR 282/283